The Cities of
Giorgio de Chirico

Orașele lui
Giorgio de Chirico

New poems by Constantin Severin
English version by Constantin Severin&Slim FitzGerald

Cyberwit Publishers
HIG 45 Kaushambi Kunj, Kalindipuram
Allahabad - 211011 (U.P.) India
http://www.cyberwit.net
Tel: +(91) 9415091004
E-mail: info@cyberwit.net

Printed at Thomson Press India Limited.

CONTENTS

DEATH IS AN UNDEAD FROM AN ALTERNATE UNIVERSE

in my prime I thought I was writing to defeat death
which I unabashedly carried in my chest pocket
among bonbons cigarettes and condoms
paper rags fir tree buds and duds

but death is an undead from an alternate universe

later I tried to write as a way to tame death
which nestled ever more vividly in the sight of my eyes
desperately seeking to touch its feline curves
and stop its suicidal somersaults among walnut branches
slipping away from within one puffed rainbow into another

but death is an undead from an alternate universe

now that spring is livelier than ever
and death dances flamenco in circles around me
frantically scattering corpses sealed in black body bags
together with personal belongings and mobile phones that keep ringing
I scribble alone each letter etched out in vapoury blood
striving to love it with the hate of all humankind

but death is an undead from an alternate universe
Suceava, April 7, 2020

THE BIRD WITH A HEART OF FIRE

death will come and the wheat will sprout without my gaze
will appear at sunset like a ruby-necked hummingbird in flight
with a storm unseen of light wings
and will eat with a thin beak
from the pollen of my breath

death the bird of fire will come
and will turn my last poem into ashes
my relatives will step on the black words scattered on the ground
and women scented with *white diamonds* will soon forget me
and the children will love me without my voice

the hummingbird will come in frantic flight
and will enthrall me with dizzying turns in the figure of eight
and the iridescent plumage will shine with the nectar from the flowers
but I will never be able to smell it again
not even the *white diamonds* perfume of beautiful women

the ruby-necked hummingbird will come like a flash
and will shine on me one evening in May
and all the events of my life will come to light
a forgotten incunabulum in a secret library
and my kiss from beyond will be tasteless

death will come like a ruby-necked hummingbird

leaping frightened out of a tunnel with thousands of bats

and will draw a circle of fire around me

with an incandescent heart dripping with the blood of another universe

and there will be no more there will be no more there will be no more

caress

Suceava, April 9, 2020

THE CITIES OF GIORGIO DE CHIRICO

the world is a honeycomb of ghost towns with warheads and gothic
rosettes

throughout which haunts alienation dreaming and loss

among arches with huge shadows towers and marble statues

empty squares mannequins in windows with drawn shutter

Andrea Bocelli sings alone in the Milan Dome

people with masks pass blindly over blossoming cherries

from the parks the carresses of lovers have disappeared

along with the cries of children

an old man with a plastic bag walks down the deserted street

with eyes iridescent from the depths of an atavistic fear

he tries to cover his yellow ears with cotton wool

he doesn't want to hear the sirens

which drives away angels and bees

people have become islands infected with fear

in the increasingly lonely cities of Giorgio de Chirico

pictor optimus

Suceava, April 15, 2020

PEOPLE WITHOUT A FACE

faceless people wait in vain for the light of the Resurrection

on the streets of the city
the light is a living dead
undead eyes next to dead eyes
we stay away from children
and the graves of our parents
but love will rise

churches with all doors closed
but love will rise

captive between two worlds
living sight in dead sight
enclosed between four walls
we count the thorns
in the Savior's crown
in long daydreams in which music of the heart
is echoing with the disappearance
but love will rise

faceless death will come
the stepmother of my life stories
and will have my mother's voice

but love will rise

Suceava, April 18, 2020

RED MONOCHROME DREAM

in a dream i scattered my own self who was dreaming me insatiably

in a white hospital room while painting the walls
with the brush dipped in my own blood
doctors in astronaut suits
coveralls three pairs of gloves glasses masks and visors
closely watching the monitor of a video laryngoscope

red zigzag

someone is trying to snatch the brush from my right hand
but my drawing of blood is advancing rapidly
it drains into hallways with anxious silhouettes and dazzling lights
on spiral staircases and in hundreds of rooms with intubated patients
thirsty for all the oxygen in the world

red zigzag

the blood covers the birches in the yard and the dew lilies
ambulances and trucks of the dead waiting in line
the deserted city where the birds also seem to have a limping flight
in a dream i lost the death who was dreaming insatiably
all my stories of life

Suceava, April 23, 2020

THE CYBERNETIC GHOUL

my generation has been reborn
three times from its own ashes

in my childhood people built their destiny
thinking of the being of nature

in my youth the world shaped its becoming into being
thinking the unthinkable

in my old age the world is cutting its chaos
thinking the being of language

future generations will not have to be reborn
man will become an eternal cybernetic ghoul

Suceava, April 25, 2020

THY NAME IS FRAGILITY

"To philosophize is to learn how to die." (Cicero)

ay global village

thy name is fragility

an almost non-existent thin organ tube

architecture in which primordial blood and memory

mix

shiny soap bubbles

an imperceptible movement of the air

a dandelion fluff

a volatile dream

ay ay global village

thy name is fragility

governments separate our primordial blood from memory

and communicate relentlessly to us

that nature has become a bioterrorist

we must get used to

the fact that life is fragile

freedom is ghostly

happiness is volatile

ay ay ay global village

thy name is fragility

all the music and the memory of the universe flowed from my blood

through pipes of pan flute in which atavistic fears creep in

we live in a fragile world where only death

has steel muscles and makes us philosophers

with diplomas stamped by shadow governments

on the conveyor belt

Suceava, April 26, 2020

TA TWAM ASI

when I was young my country grandmother used to sew

owl claws to my cuffs

and tied bear bones

to the laces of my shoes

to grow smart and strong

and I believed in the *mundus idealis* and sought the perfect poem

and the love that unites the essences

in the fabric of thoughts words and sights

at the same time I wrote in my notebook of poems

if God erased all words

the world would disappear into nothingness

but a perfect poem could give birth

to a new perfect universe

you just have to translate this poem into Sanskrit

and there shall be a golden city upon the earth

today I no longer believe in *mundus idealis* and the perfect poem

in the city of gold without here and without now

in the diamond cut from the three-eyed

arisen from the physical eyes the archetypal eyes and the divine eyes

I see more and more clearly how my heart is alienating me

and I perceive the dodecaphonic music of my inner collapse

this is me in the age of online communication

in vain I try to snatch from my face

the original Face and run away

to disappear into the cloud of my childhood fireflies

I feel that I am gradually becoming a lonely tree

inlaid with gorgonian chimeras and harps

I will learn to live and die simultaneously

I will *live-die* with more and more ghostly senses

Suceava, April 27, 2020

PEOPLE IN CHRYSALIS

night butterflies ephemeral islets of tactile silences

night butterflies small quarantined creatures

night butterflies with wings edged with the silk of hell

night butterflies extinguished embers snapping in loneliness

night butterflies fluttering eyes watching the collapse

night butterflies with spectral lives denied of light

night butterflies blind beings composed of extinguished longings

night butterflies creatures with flight controlled by darkness

night butterfiles small sarcophagi of freedom

night butterflies cold moths shaking up dead ideals

ay ay ay the sky is high and love is the breath of God

but humans are moths returned to chrysalis

Suceava, April 27, 2020

A LEGEND CAN SAVE YOU

an old schoolmistress from the village
in which I grew up
suggested to me that in the coronavirus era
a legend can save you
from inner collapse

I thought of all the legends
which I have lived intensely throughout my life
and I chose the lilac forest
from my homeland
I'm away from her
and perceive an auroral absence
with its velvety scent
fresh and ethereal
a painfully sweet absence
which has now become an ineffable
inner presence

I began to believe
that even the Romanian language itself
hides an island in its deep and melodious core
the lilac forest
a sacred space made up of light
word and life

a perfect poem
an archetypal universe
a runaway being
detached from Bach's scores

the old schoolmistress was right
people who love me
have begun to smell the lilac perfume
of my soul

Suceava, April 29, 2020

THE MASTER OF FOUNTAINS

To Orhan Pamuk

neither of my parents obsessed with daily chores
watched over my childhood in my native village
as did the master of fountains
the man with the soul muttering in silence
and waters mysterious and clear
from which I learned the poetry of the depths
and the alphabet of listening

finding the place of the well was a magical ritual
and began with a prayer we both said
with eyes half opened
one looking inward
the other mired in wet earth
and we were waiting untill the sky had met
with the strange trembling of the depths

then the craftsman hatched unseen paths on the surface
researched in the smallest details
sometimes he rolled and took the pulse of the earth
and listened with his ear to the ground
he told me that the waters have daemons in their depths
which communicate only with good craftsmen
through words-events

the first shovel of earth from the chosen place
was thrown into the sky
and I watched the amber grains
rolled with particles of dust around us
and I rubbed my sweaty palms with joy
counting in my mind the ringing of bells
from the village church

while the water well was advancing day by day
and I was steadying the emerald-eyed craftsman
on a rope tightened around a stake
I felt like I was starting to communicate
more and more frantic and insatiable
with the nature voiced by the rippling of the depths
through words-events

after he finished assembling the slender black bucket
the master of wells carefully measured my shadow
with a thin and fragile reed
through which you could hear loneliness and dreaming sing
a destiny on the verge of sprouting
and built it into the cylinder of stone and mortar
forming a cross in front of my heart

the master of wells has gone beyond but now I know
cities have daemon cities in the depths

deep fountains of memory and spectral lives

the villages have daemon villages in the depths

deep fountains of memory and spectral lives

my heart has daemon hearts in the depths

deep fountains of love and memory

words have daemon words in the depths

deep wells of meaning

and memories turned to powder

Suceava, May 2, 2020

THE BRIDGE OF GOD

from an early age I knew the rush of life and death
to live and die at the same time
the mysterious flutter of the verb to live-die
the scream of a newborn and the chanting of mourners

death is a return to life through the primordial womb

I was five years old and it was a spring day
the lilac forest released fresh scented clouds
to the village guarded by the Bridge of God
and I waited coldly in the porch of the old house
together with half the family
for the birth of my sister
and two houses further down on my childhood hill
the other half of the family mourned my grandma
who had died crouched
in a fetal position

death is a return to life through the primordial womb

the day before she left for the other realm
my grandma had delighted me with the legend of the Bridge of God
it was once a huge limestone cave
on the coast of the village near the lilac forest

unfortunately in the vast cave the Devil had slept
and the life of the villagers had become Hell overnight
plagues and possessed people haunted all corners
the crops were destroyed and the houses caught fire suddenly
fear and hunger dominated the small society
suicides and early deaths were on the rise

death is a return to life through the primordial womb

people prayed day and night in the old wooden church
they implored God in tears to protect them from the Devil
but the years passed and the tragedies flowed endlessly
on the plateau guarded by the lilac forest
one day the sky fell apart like an ancient incunabulum
and God slammed the ceiling of the cave with a deafening thunder
and the Devil fled over the seas and lands
my grandma thought this happened when people
got a Face incarnated from the ashes of suffering and death

death is a return to life through the Bridge of God

Suceava, May 3, 2020

THE LADDER OF VIRTUES

to have a Face in spite of all the masks that are required
is the only way to climb the ladder of virtues

abandon vain life and retreat
learn dispassion
live in exile
listen and take heed
repent
remember death
joyfully mourn
be free from anger
forget all wrongs
give up the vice of gossip

to keep a Face in this ocean devouring masked people
is the only chance to save you from inner collapse

be silent
avoid lying
counter sloth
restrain gluttony
be chaste
lack avarice
never grow numb

sing in public

sleep less and be ever vilgilant

set aside fear

to enter your own Face in the global village besieged by masks

is the noble way to talk to God

let go of vainglory

lack pride

avoid blasphemy

be gentle and set aside guile

be humble

practice discernment

the holy peace of body and soul

happy prayer

perfection

love

Suceava, May 4, 2020

SWALLOW'S NEST

in the small church of blackened wood
with the walls covered in icons of stained glass
and the royal doors in which the Annunciation
vibrates within gilded medallions

the daemons hatch an egg of light

the elders weep with a vibrant sad joy
for God to look upon them
only now do I understand that the invisible
is stronger than the visible

the daemons hatch an egg of light

although I knew this from a young age
from my readings of Plato
again the priest reminds me that tears are the boundary
between physical and spiritual

the daemons hatch an egg of light

I leave the church under the swallow's nest
upon the moldy yellow eaves of time
and I am engulfed by a deep sadness overflowing with joy

on the empty streets with the air of a final world

I cry and the daemons of light break the celestial shell

Suceava, May 5, 2020

THE POCKET WATCH

I met you when the world was a huge resuscitation room

and anxiety and despair connected us to the same oxygen tube

a few books and a gold-plated pocket watch

donated by my maternal grandpa at the end of high school

we were two trembling minute hands synchronized by Eros

we thought the universe was God's pocket watch

and the sky a vault of suede sewn together

as our twin faces feverishly searched for each other

in the buffeting and swirling torrents of the Carpathian Mountains

we were two trembling minute hands synchronized by Eros

but instead of faces the universe was full of masks

the kisses were smoky holes in their thick fabric

friends were dyingall around and thrown in black plastic bags

buried without crowns like martyrs in the first centuries

we were two trembling minute hands synchronized by Eros

abandon any passion and any illusion we were told

but we stubbornly talked to the angels

reciting old prayers and medieval songs to ward off demons

with hot foreheads gripped in gold halos

we were two trembling minute hands synchronized by Eros

I met you when the world was a tower struck by lightning
with abandoned mirrors in which the undead lay down to sleep
but we managed to transmute suffering into love
when we looked at each other God's watch stopped beating

we were two trembling minute hands synchronized by Eros
 Suceava, May 7, 2020

BALLAD FOR THE OLD FIDDLER

In memory of Nicolae Neacşu

the toothless old fiddler with the swarthy face
seemed peeled off a painting by Chagall
I still see him floating in the vast sky of childhood
a copper angel among painted houses horses cats and butterflies
but with a violin in his hand he was like a tiger
at weddings baptisms funerals and village dances

his music swelled your heart to its fullest

I don't sing he whispered to me secretly I let myself be sung
out of all your longings and sorrows
out of all the grandmothers' stories and the rhythmic clamor
the gallop of horses and the wings of butterflies
everything you listen to is always in you
life either contains music or you no longer live it

his music swelled your heart to its fullest

I still see the old fiddler with the dark complexion
in my childhood sky covered with Oltenian carpets
with a thin short mustache like Johnny Depp
a violin wizard drawing effects from other worlds

31

with a horse's hair tied to one of the strings
which he pulled from time to time to the rhythm of the song

his music swelled your heart to its fullest

I see him again in his black suit and the red tie with white dots
his shabby felt hat pulled over one ear
the old fiddler sang the sadness of the world in its pure form
the one that penetrates deep into your bones and gut
the violin is light in the hand but heavy when singing he said
this exhausting sweet craft is not taught but filched

his music swelled your heart to its fullest

the old fiddler didn't just sing
but became a creature with a soul possessed by notes
who existed in a traumatic catharsis of euphony
he swayed to and fro and rolled his eyes
a cloud of stardust rose from his violin
over the world of crucifixes totems and overlapping columns of eyes

his music swelled your heart to its fullest

Suceava, May 13, 2020

YOU WILL BE FREE ONLY IN THE COSMOS OF LANGUAGE

I gave up all masks
and I'm starting to live my future

in an immemorial present
pilgrim of circular time

I invited four friends with me
an American with an exalted spirit
of a civilization of spatial meanings
fascinated by fullness
material
balance
speed
exteriority
positivism

an European with an imbued spirit
of a civilization of temporal meanings
dominated by instability
dynamics
impalpable
immaterial
interiority
metaphysics

an African with a burning spirit
of a civilization of ancestral meanings
surrounded by primordial chills
mythical
palpable
statics
archaic
implosive

an Asian with an enchanted spirit
of a civilization of archetypal meanings
transfigured by traditions
immutable
aesthetics
hieratic
timeless
reified

the American has the genius of space
the European genius of time
the African genius of the ancestral
the asian genius of the archetypal
but they all felt the nausea of infinity
in the oasis irrigated by circular time
and they self-exiled

the guardian angel tells me

in a world dominated by masked people

you will be free only in the cosmos of language

Suceava, May 15, 2020

MASKS FOR GUARDIAN ANGELS

the consciousness industry is flourishing
chimeric research specialists
are secretly working on a revolutionary program
for the good of mankind

masks for guardian angels
quarantine for all invisible creatures
torture chambers for gods
extermination camps for Truth
Good and Beautiful

shadow governments have approved
a single exception
to the ordeal of the invisible world
the devil

Suceava, May 17, 2020

GLASS MEGALOPOLIS

Mottto: "Man is the real chaos." (Novalis)

in the global village there is total transparency

we love and die in a glass cage

feelings are transmitted through optical fibers

love appears and disappears with the speed of light

God has long been exiled

young people forgot the word intimacy

and look for feverish mirrors for thoughts

and online sex

recordings with masturbators

suffocates the deposits of security agencies

there is no more memory just video cameras

nothing is real outside the screen

happiness is a notion in medieval volumes

in schools history is replaced

with the history of artificial intelligence

my guardian angel whispers to me

the world is a fragile glass megalopolis

I'm afraid a Nero will set it on fire one day

with bare feet I will tread

over shards of reddish glass in the fire

with my chest raised I will breathe

through shards of red glass in the fire
with the soul washed in the mountain spring
and in the deep and mysterious way of love
I will fly over the shards of red glass in the fire
with an arrow heart reddened in fire
I will break the public mirrors
in which it is reflected indefinitely
the make-up-covered face of the lie

Suceava, May 19, 2020

HORSE RUNNING

To the sculptor Doru Covrig

the horse is my double

a young man in a Cossack village told me

through him I know the most hidden folds of my soul

inner flight and crashes

the burning sensations and hooves received from life

the horse is my double

we often gallop on horseback in flocks of warriors

and we throw ourselves into the beautifully inlaid saddles

in the most bizarre positions sometimes upside down

as in the equestrian sculptures of Marino Marini

the horse is my double

at night I dream of his velvety warm muzzle

and I see the shadows of the stallions galloping

rising from the meadows

like fishing nets to catch the stars

Suceava, May 20, 2020

THE BEAR DANCE

To the bear dancers from Bucovina

I'm looking for the pillars of the earth sitting on the back of a bear
from the time when wine sprang from the earth
and rivers of wild bee honey flowed

all my life I have been prepared
to enter the bear dance with totemic bear masks
in the rhythmic whirlwind of drummers and whistlers

my story bears the enchanted stamp of dance
with bears dying and rising around us
under translucent firefly constellations

all I feel are hatched feelings and longings
claw scratches and bear teeth
live hieroglyphs of pain and dream

all I write are vague interpretations of the signs
left by the paws of bears and their hair
in the increasingly sharp thorn of life

I will soon wrap my memories in a bear's fur
and I will leave the smart highway

for grandpa's bear mask

Suceava, May 23, 2020

THE GRAPE BOWL

a child spins a circle
a young man spins the girl at the dance
an old man spins the grape press

the child touches the bird of paradise
the lad grabs the bird of the soul
the old man is looking for the bird-soul

the bird of paradise has a grand song
the bird of the soul has a wandering song
the bird-soul has a broken song

someone pushes the world with all its vanities
into the grape press
the bird of paradise gets drunk with the wine of hell
the bird of the soul dies of loneliness
and the bird-soul has its neck cut off
too much song

Suceava, May 29, 2020

WE NEVER WAITED FOR THE BARBARIANS

we never waited for the barbarians
we retreated silently into the woods and mountains
after setting fire to the grain we poisoned the wells
and tore down bridges and watchtowers
without looking back at the swirling horizon

we never waited for the barbarians
we built our shadows on the walls of houses and in the bibles
and we took with us all the words and stories
an endless series of lived and unlived lives
without looking back at the swirling horizon

we never waited for the barbarians
we adorned our souls with longing and hope
with the music of the seen and unseen worlds
and we delved into ourselves till we reached the last drop of blood
without looking back at the swirling horizon

we never waited for the barbarians
we abandoned ourselves to the light woven from horsehair
seeking the being of language in the being of nature
and unreal eyes hidden in real eyes
without looking back at the swirling horizon

we never waited for the barbarians

we raised our tears and dreams

and were overwhelmed by the warm ethereal utterances

within the incandescent whispers of love and death

without looking back at the swirling horizon

we never waited for the barbarians

and yet the prophets and the wise tell us

they have been with us for a long time

Suceava, June 26, 2020

Oraşele lui Giorgio de Chirico

MOARTEA E UN STRIGOI DIN ALT UNIVERS

când eram tânăr credeam că scriu pentru a învinge moartea
pe care o purtam ţanţoş în buzunarul de la piept
printre bomboane ţigări şi prezervative
fiţuici muguri de brad şi cartuşe uzate

dar moartea e un strigoi din alt univers

mai târziu am încercat să scriu pentru a îmblânzi moartea
care se cuibărea tot mai vie în lumina ochilor
căutând disperat să-i ating curbele feline
şi să-i opresc salturile sinucigaşe printre crengi de nuc
dispărând dintr-un curcubeu înfoiat în altul

dar moartea e un strigoi din alt univers

acum când primăvara e mai vie ca niciodată
şi moartea dansează flamenco în jurul meu
împrăştiind cu frenezie cadavre sigilate în saci negri de plastic
laolaltă cu obiecte intime şi telefoane care sună întruna
eu scrijelesc singur fiecare literă aburită de sânge
încercând să o iubesc cu toată ura lumii

dar moartea e un strigoi din alt univers

Suceava, 7 aprilie 2020

PASĂREA CU INIMA DE FOC

va veni moartea şi grâul va încolţi fără privirea mea
va apărea în amurg precum o pasăre colibri gât-de-rubin în zbor
cu o vijelie de aripi uşoare precum nevăzutul
şi se va înfrupta cu ciocul subţire
din polenul respiraţiei mele

va veni moartea pasărea de foc
şi va preface în scrum ultimul meu poem
apropiaţii vor păşi peste cuvintele negre împrăştiate pe jos
şi mă vor uita curând femeile parfumate cu *white diamonds*
iar copiii mă vor iubi fără glasul meu

va veni pasărea colibri în zbor frenetic
şi mă va înlănţui cu viraje ameţitoare în formă de opt
iar penajul irizat va străluci de nectarul din flori
dar nu voi mai putea mirosi niciodată
nici măcar parfumul *white diamonds* al femeilor frumoase

va veni pasărea colibri gât-de-rubin ca un fulger
şi mă va strălumina din temelii într-o seară de mai
şi toate întâmplările vieţii vor trece în lumină
un incunabul uitat într-o bibliotecă secretă
iar sărutul meu de dincolo nu va mai avea gust

va veni moartea precum o pasăre colibri gât-de-rubin
ţâşnind speriată dintr-un tunel cu mii de lilieci
şi va desena un cerc de foc în jurul meu
cu inima incandescentă şiroind de sângele unui alt univers
şi nu va mai exista nu va mai exista nu va mai exista
nicio mângâiere

Suceava, 9 aprilie 2020

ORAŞELE LUI GIORGIO DE CHIRICO

lumea e un fagure de oraşe-fantomă cu ogive şi rozete gotice
prin care bântuie alienarea visarea şi pierderea
printre arcade cu umbre uriaşe turnuri şi statui de marmură
pieţe goale manechine în ferestre cu obloanele trase

Andrea Bocelli cântă singur în Domul din Milano

oameni cu măşti trec orbi pe lângă cireşi înfloriţi
din parcuri au dispărut mângâierile îndrăgostiţilor
şi strigătele copiilor
pe strada pustie trece un bătrân cu o sacoşă de plastic
cu ochii fixaţi în adâncimile unei spaime atavice
încearcă să-şi astupe cu vată urechile galbene
nu vrea să audă sirenele
care alungă îngerii şi albinele

oamenii au devenit insule infectate cu frică
în oraşele tot mai însingurate ale lui Giorgio de Chirico
pictor optimus

Suceava, 15 aprilie 2020

OAMENI FĂRĂ CHIP

oameni fără chip aşteaptă în van lumina Învierii

pe străzile oraşului
lumina e un mort viu
ochi de strigoi lângă ochi de strigoi
stăm departe de copii
şi de mormintele părinţilor
dar dragostea va învia

biserici cu toate uşile închise
dar dragostea va învia

captivi între două lumi
privire vie în privire moartă
închişi între patru pereţi
numărăm spinii din coroana Mântuitorului
în lungi reverii în care muzica inimii
se îngână cu dispariţia
dar dragostea va învia

va veni moartea fără chip
mama vitregă a poveştilor mele de viaţă
şi va avea vocea mamei
dar dragostea va învia

Suceava, 18 aprilie 2020

VIS MONOCROM ROŞU

într-un vis mi-am risipit sinele care mă visa cu nesaţ

într-o cameră albă de spital în timp ce pictam pereţii
cu pensula muiată în propriul meu sânge
medicii în costume de astronauţi
combinezoane trei perechi de mănuşi ochelari măşti şi viziere
urmărind atenţi monitorul unui video-laringoscop

zigzag roşu

cineva încearcă să-mi smulgă penelul din mâna dreaptă
dar desenul meu de sânge înaintează cu repeziciune
se scurge pe holuri cu siluete înfigurate şi lumini orbitoare
pe scările în spirală şi în sute de camere cu bolnavi intubaţi
însetaţi de tot oxigenul lumii

zigzag roşu

sângele acoperă mestecenii din curte şi crinii înrouraţi
ambulanţele şi dricurile care aşteaptă la rând
oraşul pustiu în care şi păsările au parcă un zbor care şchioapătă
într-un vis mi-am pierdut moartea care îmi visa cu nesaţ
toate poveştile de viaţă

Suceava, 23 aprilie 2020

STRIGOIUL CIBERNETIC

generația mea a renăscut
de trei ori din propria-i cenușă

în vremea copilăriei mele lumea își zidea destinul
gândind ființa naturii

în vremea tinereții lumea își modela devenirea întru ființă
gândind negânditul

în vremea senectuții lumea își croiește haosul
gândind ființa limbajului

generațiile viitoare nu vor mai trebui să renască
omul va deveni un etern strigoi cibernetic

Suceava, 25 aprilie 2020

NUMELE TĂU E FRAGILITATE

„ A filozofa înseamnă a învăţa să mori.”(Cicero)

ay sat global
numele tău e fragilitate
o arhitectură aproape inexistentă
de tuburi de orgă subţiri
în care sângele primordial şi memoria
se amestecă
strălucitoare baloane de săpun
o mişcare insesizabilă a aerului
un puf de păpădie
un vis volatil

ay ay sat global
numele tău e fragilitate
guvernele ne separă sângele primordial de memorie
şi ne comunică implacabil
că natura a devenit un bioterorist
şi trebuie să ne obişnuim că
viaţa e fragilă
libertatea e fantomatică
fericirea e volatilă

ay ay ay sat global
numele tău e fragilitate
toată muzica şi memoria universului mi s-au scurs din sânge
prin ţevi de nai în care se furişează frici atavice
trăim într-o lume fragilă în care doar moartea
are muşchi de oţel şi ne face filozofi
cu diplome ştanţate de guverne din umbră
pe bandă rulantă

Suceava, 26 aprilie 2020

TA TWAM ASI

în tinerețe bunica de la țară obișnuia să-mi coasă
gheare de bufniță la manșete
și îmi lega oase de picioare de urs
de șireturile pantofilor
ca să cresc deștept și puternic
iar eu credeam în *mundus idealis* și căutam poemul perfect
și iubirea care unește esențele
în țesătura de gânduri cuvinte și priviri

tot atunci îmi notam în caietul de poezii
dacă Dumnezeu ar șterge toate cuvintele
lumea ar dispărea în neant
dar un poem perfect ar putea să dea naștere
unui nou univers perfect
trebuie doar să traduci în sanscrită acest poem
și pe pământ va răsări un nemaivăzut oraș de aur

azi nu mai cred în *mundus idealis* și în poemul perfect
în orașul de aur fără aici și fără acum
iar în tăietura de diamant a privirii întreite
ivită din ochii fizici ochii arhetipali și ochii divini
văd tot mai clar cum inima se întrăinează de mine
și percep muzica dodecafonică a prăbușirii lăuntrice
acesta sunt eu în era comunicării online

în zadar încerc să îmi smulg de pe chip
Chipul originar și să fug
să dispar în norul de licurici al copilăriei
simt că devin treptat un arbore singuratic
încrustat cu himere gorgone și harpii
voi învăța să trăiesc și să mor simultan
voi *trămuri* cu simțurile tot mai fantomatice

Suceava, 27 aprilie 2020

OAMENI ÎN CRISALIDE

fluturi de noapte insuliţe efemere de tăceri tactile

fluturi de noapte mici creaturi în carantină

fluturi de noapte cu aripi tivite din mătasea infernului

fluturi de noapte tăciuni stinşi muşcând din singurătate

fluturi de noapte ochi zburători care veghează prăbuşirea

fluturi de noapte cu vieţi spectrale refuzate de lumină

fluturi de noapte oarbe alcătuiri de doruri stinse

fluturi de noapte făpturi cu zborul controlat de întuneric

fluturi de noapte mici sarcofage ale libertăţii

fluturi de noapte reci vâlvătăi de idealuri moarte

ay ay ay cerul e înalt şi iubirea e răsuflarea lui Dumnezeu

dar oamenii sunt molii reîntoarse-n crisalide

Suceava, 27 aprilie 2020

O LEGENDĂ TE POATE SALVA

o bătrână învăţătoare din satul
copilăriei mele
mi-a sugerat că în era coronavirus
o legendă te poate salva
de la prăbuşirea interioară

m-am gândit la toate legendele
pe care le-am trăit intens în decursul vieţii
şi am ales pădurea de liliac
din ţinutul natal
mă aflu departe de ea
şi percep o absenţă aurorală
cu parfumul ei catifelat
proaspăt şi eterat
o absenţă dureros de dulce
devenită acum o inefabilă
prezenţă interioară

am început să cred
că însăşi limba română
ascunde în miezul ei profund şi melodios o insulă
pădurea de liliac
un spaţiu sacru alcătuit din lumină
cuvânt şi viaţă
un poem perfect
un univers arhetipal
o fiinţă de fugă
desprinsă din partiturile lui Bach

bătrâna învăţătoare a avut dreptate
oamenii care mă iubesc
au început să simtă miresmele pădurii de liliac
ale sufletului meu

Suceava, 29 aprilie 2020

BUCURIA

ierarhia luminii veghează
să te regăseşti în tine însuţi
să te apropii de ceilalţi
şi de Dumnezeu

bucuria e sentimentul dominant al materiei

ierarhia satului global veghează
să te înstrăinezi de tine însuţi
să te îndepărtezi de ceilalţi
şi de Dumnezeu

bucuria e sentimentul dominant al materiei

curând vom jupui cu înfrigurare
numele şi forma tuturor lucrurilor
şi vom cerşi sub privirea de far a morţii
o fărâmă de viaţă

bucuria e sentimentul dominant al materiei

dar noi vom săpa din greu tranşee
ca să o apărăm

Suceava, 30 aprilie, 2020

MEŞTERUL DE FÂNTÂNI

Lui Orhan Pamuk

nici părinţii obsedaţi de muncile zilnice
nu mi-au vegheat copilăria din satul natal
precum a făcut-o meşterul de fântâni
bărbatul cu sufletul mustind de tăcere
şi de ape tainice şi limpezi
de la care am învăţat poezia adâncurilor
şi alfabetul ascultării

căutarea locului fântânii era un ritual magic
şi începea cu o rugăciune pe care o rosteam amândoi
cu ochii întredeschişi
o privire îndreptată înlăutru
cealaltă înfiptă în pământul reavăn
şi aşteptam până când cerul se îngâna
cu freamătul uruitor din adâncuri

apoi meşterul haşura trasee nevăzute pe suprafaţa
cercetată în cele mai mici detalii
uneori se rostogolea şi lua pulsul pământului
asculta cu urechea lipită de ţărână
îmi spunea că apele au în adâncuri daimoni
care comunică doar cu meşterii de fântâni
prin cuvinte-evenimente

prima lopată de pământ din locul ales
era aruncată în înaltul cerului
iar eu urmăream cu privirea boabele de chihlimbar
rostogolite cu fire de praf în jurul nostru
şi îmi frecam de bucurie palmele transpirate
numărând în gând dangătele clopotelor
de la biserica din sat

în timp ce puțul de apă înainta zi de zi
iar eu trăgeam meșterul cu ochi de smarald
de sfoara strânsă în jurul unui par
parcă simțeam că începeam să comunic
tot mai frenetic și cu nesaț
cu natura sonorizată de clipocitul adâncurilor
prin cuvinte-evenimente

după ce sfârșea de montat ciutura zveltă și neagră
meșterul de fântâni îmi măsura cu grijă umbra
cu o trestie subțire și fragilă
prin care auzeai cântând singurătatea și visul
unui destin în pragul înmuguririi
și o zidea în cilindrul de piatră și mortar
făcându-mi o cruce în dreptul inimii

meșterul de fântâni a plecat dincolo dar acum știu
orașele au daimoni de orașe în adâncuri
fântâni adânci de memorie și vieți spectrale
satele au daimoni de sate în adâncuri
fântâni adânci de memorie și vieți spectrale
inima mea are daimoni de inimi în adâncuri
fântâni adânci de iubire și memorie

cuvintele au daimoni de cuvinte în adâncuri
fântâni adânci de înțelesuri
și memorie pulverulentă

Suceava, 2 mai 2020

PODUL LUI DUMNEZEU

din fragedă copilărie am cunoscut iureşul vieţii şi al morţii
a trăi şi a muri în acelaşi timp
fâlfâitul misterios al verbului *a trămuri*
ţipătul unui nou născut şi incantaţiile bocitoarelor

moartea e o reîntoarcere la viaţă prin uterul primordial

aveam cinci ani şi era o zi de primăvară
pădurea de liliac îşi lansa nori proaspeţi de miresme
spre satul străjuit de Podul lui Dumnezeu
iar eu aşteptam înfrigurat în cerdacul casei bătrâneşti
împreună cu o jumătate din familie
naşterea surorii mele
iar la două case mai la vale pe dealul copilăriei
cealaltă jumătate de familie o jelea pe bunica
care murise în somn ghemuită
în poziţia fetusului

moartea e o reîntoarcere la viaţă prin uterul primordial

cu o zi înainte de a pleca în celălalt tărâm
bunica mă încântase cu legenda Podului lui Dumnezeu
a fost odată ca niciodată o peşteră uriaşă de calcar
în coasta satului de lângă pădurea de liliac
din nefericire în peştera vastă îşi făcuse culcuş Diavolul
iar viaţa sătenilor devenise peste noapte un Infern
bolile şi oamenii îndrăciţi bântuiau prin toate ungherele
recoltele erau distruse şi casele luau foc din senin
spaima şi foamea dominau mica societate
sinuciderile şi morţile timpurii se înmulţeau

moartea e o reîntoarcere la viaţă prin uterul primordial

oamenii se rugau zi şi noapte în vechea biserică de lemn
îl implorau înlăcrimaţi pe Dumnezeu să-i apere de Diavol
dar anii treceau şi tragediile curgeau fără sfârşit
pe piciorul de plai vegheat de pădurea de liliac
într-o zi cerul s-a dat la o parte ca un incunabul străvechi
şi Dumnezeu a prăbuşit cu un tunet asurzitor tavanul peşterii
iar Diavolul a luat-o la fugă peste mări şi ţări
bunica credea că aceea a fost clipa în care oamenii
au căpătat Chip întrupat din cenuşa de suferinţă şi moarte

moartea e o reîntoarcere la viaţă prin Podul lui Dumnezeu

Suceava, 3 mai 2020

SCARA VIRTUȚILOR

a avea un Chip în ciuda tuturor măștilor care ți se impun

e unicul mod de a urca pe scara virtuților

lepădarea de viața deșartă și retragerea

despătimirea

înstrăinarea

ascultarea

pocăința

pomenirea morții

plânsul de bucurie făcător

nemânierea

neținerea de minte a răului

renunțarea la viciul clevetirii

a păstra un Chip în oceanul devorator de oameni cu măști

e singura șansă de a te salva de la prăbușirea interioară

tăcerea

evitarea minciunii

evitarea lenei sufleteşti

înfrânarea lăcomiei

castitatea

lipsa iubirii de arginţi

absenţa nesimţirii

cântarea în obşte

privegherea trupească

lipsa fricii

a intra în propriul Chip în satul global asediat de măşti

e calea regală de a sta de vorbă cu Dumnezeu

evitarea slavei deşarte

lipsa mândriei

evitarea hulei

blândeţea şi simplitatea

preaînalta smerită cugetare

dreapta socoteală

sfinţita liniştire a trupului şi a sufletului

fericita rugăciune

desăvârşirea

dragostea

Suceava, 4 mai 2020

CUIBUL DE RÂNDUNICI

în mica biserică de lemn înnegrit
cu pereţii acoperiţi de icoane pe sticlă
şi uşile împărăteşti în care Bunavestirea
vibrează în medalioane aurite

demonii clocesc un ou de lumină

bătrânii plâng cu o vibrantă bucurie tristă
ca să îi privească Dumnezeu
abia acum înţeleg că invizibilul
e mai puternic decât vizibilul

demonii clocesc un ou de lumină

deşi ştiam acest lucru încă din tinereţe
din lecturile mele din Platon
iar preotul îmi reaminteşte că lacrimile sunt hotarul
dintre trupesc şi duhovnicesc

demonii clocesc un ou de lumină

părăsesc biserica pe sub cuibul de rândunici
de pe streaşina galbenă mucegăită de timp
şi mă cuprinde o tristeţe adâncă învăpăiată de bucurie
pe străzile goale cu un aer de sfârşit de lume

plâng şi daimonii luminii sparg coaja celestă

Suceava, 5 mai 2020

CEASUL DE BUZUNAR

ne-am întâlnit când lumea era o imensă cameră de reanimare
de acelaşi tub de oxigen ne legau anxietatea şi disperarea
câteva cărţi şi un ceas de buzunar cu capac de aur
dăruit de bunicul matern la absolvirea liceului

eram două minutare vibrante sincronizate de Eros

credeam că universul e ceasul de buzunar al lui Dumnezeu
iar cerul o boltă din piei de căprioare cusute cap la cap
şi ne căutam cu înfrigurare chipurile îngemănate
în torentele repezi şi învolburate din Munţii Carpaţi

eram două minutare vibrante sincronizate de Eros

dar în loc de chipuri universul era plin de măşti
săruturile erau găuri fumegânde în ţesătura lor groasă
prietenii mureau în jur şi erau aruncaţi în saci negri de plastic
înmormântaţi fără coroane precum martirii în primele veacuri

eram două minutare vibrante sincronizate de Eros

abandonaţi orice pasiune şi orice iluzie ni se spunea
dar noi ne încăpăţânam să stăm de vorbă cu îngerii
rostind vechi rugăciuni şi cântece medievale de alungat demonii
cu frunţile înfierbântate strânse în cercuri de aur

eram două minutare vibrante sincronizate de Eros

te-am întâlnit când lumea era un turn retezat de trăznet
cu oglinzi părăsite în care-şi făceau culcuş strigoii
dar noi reuşeam să transmutăm suferinţa-n iubire
şi când ne priveam ceasul lui Dumnezeu înceta să mai bată

eram două minutare vibrante sincronizate de Eros

Suceava, 7 mai 2020

CAII SĂLBATICI

caii sălbatici dorm în picioare şi visează că zboară
coamele lor falnice ating noi orizonturi

elitele globale continuă cercetările himerice
şi eternizează carnavalul morţii
iar noi devenim treptat strigoi cibernetici
tot mai bolnavi tot mai singuri şi tot mai controlaţi
cifre statistice în stadiul de larve
distanţate social

mai bine alergăm împreună cu caii sălbatici
coamele lor falnice ating noi orizonturi

experimentele de psihologie socială continuă
ne vom obişnui cu noua *industrie a conştiinţei* (1)
cu circulaţia controlată
libertatea supravegheată
intimitatea îngrădită
şi cenzura nelimitată

mai bine alergăm împreună cu caii sălbatici
coamele lor falnice ating noi orizonturi

cineva ne testează rezistenţa la prezent
şi face *tabula rasa* din viitorul nostru
iar trecutul este falsificat în mod minuţios
legendele sunt înlocuite cu infodemia
figurile istorice cu prostituate de lux
adevărul cu *heringi roşii*

mai bine alergăm împreună cu caii sălbatici
coamele lor falnice ating noi orizonturi
caii sălbatici se opintesc cu copitele posterioare înclinate
să sară deasupra lumii aruncate în gerul conştiinţei
şi mor în picioare visându-se liberi

(1) Hans Magnus Enzesberger

Suceava, 9 mai 2020

CARANTINĂ

în carantină citesc de la fereastră
mesajele de dragoste ale norilor
scrise în limba sanscrită
și îmi ascult bătăile inimii aducătoare
de fulgere de memorie
îl văd pe bunicul Constantin cu o eșarfă roșie la gât
cum o fură pe bunica Ana
de lângă Podul lui Dumnezeu
călare pe un cal alb
o reverie răsărită din cuvintele
îngălbenite de timp mirosind a busuioc și iasomie
ale mamei mele

bunicul nu putea trăi fără cai
copilăria mea a fost o poveste cu cai în galop
în jurul pădurii de liliac
am scris în gând primul poem
în timp ce țesălam caii
și descifram poveștile norilor
am făcut primul jurământ de dragoste
în timp ce adăpam caii
și căutam în nori roata fântânii
am mângâiat prima fată
în timp ce admiram amândoi caii
și ne priveam cu nesaț printre nori
înălțați din grajdul cu lemne uscate și fără colțuri dure
cu podele acoperite de paie și rumeguș
potcoave țesale și piepteni pentru coame

poezia și dragostea sunt două ființe gemene
născute din ierarhia luminii
care fug din carantină în toate colțurile lumii

să citească caligrafia celestă a norilor
la nesfârşit la nesfârşit la nesfârşit

Suceava, 10 mai 2020

BALADĂ PENTRU BĂTRÂNUL LĂUTAR

In memoriam Nicolae Neacşu

bătrânul lăutar ştirb cu chipul tuciuriu
părea desprins dintr-un tablou de Chagall
îl văd şi acum plutind înclinat pe cerul vast al copilăriei
un înger arămiu printre case pictate cai pisici şi fluturi
dar cu vioara în mână era ca un tigru
la nunţi botezuri înmormântări şi hore săteşti

muzica sa îţi creştea inima în toate părţile

eu nu cânt îmi şoptea tainic eu mă las cântat
de toate dorurile şi tristeţile voastre
de toate poveştile bunicii şi de sunetele ritmice
din galopul cailor şi de pe aripile fluturilor
tot ce asculţi se află dintotdeauna în tine
viaţa ori conţine o muzică ori nu o mai trăieşti

muzica sa îţi creştea inima în toate părţile

îl văd şi acum pe bătrânul lăutar cu tenul întunecat
pe cerul copilăriei acoperit cu covoare olteneşti
cu mustăcioara subţire şi scurtă precum Johnny Depp
un vrăjitor al viorii scoţând efecte din alte lumi
cu un fir de cal legat de una din corzi
pe care o trăgea din când în când în ritmul melodiei

muzica sa îţi creştea inima în toate părţile

îl revăd în costumul negru cu cravata roşie şi buline albe
cu pălăria de fetru ponosită trasă pe-o ureche
bătrânul lăutar cânta tristeţea lumii în forma ei pură
cea care îţi pătrunde adânc în oase şi măruntaie
vioara este uşoară în mână dar este grea la cântat îmi şoptea
meseria asta istovitor de dulce nu se învaţă ci se fură

muzica sa îţi creştea inima în toate părţile

bătrânul lăutar nu se limita doar să cânte
ci devenea o făptură cu sufletul acaparat de note
care-şi trăia intens destrămarea sonoră
se mişca întruna gesticula şi îşi dădea ochii peste cap
un nor de praf de stele se înălţa din vioara sa
peste lumea de troiţe totemuri şi coloane de ochi suprapuşi

muzica sa îţi creştea inima în toate părţile

Suceava, 13 mai 2020

VEI FI LIBER DOAR ÎN COSMOSUL LIMBAJULUI

am abandonat toate măştile
şi încep să-mi trăiesc viitorul
într-un prezent imemorial
pelerin al timpului circular

am invitat cu mine patru prieteni
un american cu spiritul exaltat
de o civilizaţie a noimelor spaţiale
fascinată de plenitudine
materie
echilibru
viteză
exteriorizare
pozitivism

un european cu spiritul îmbibat
de o civilizaţie a noimelor temporale
stăpânită de instabilitate
dinamică
impalpabilă
imaterială
interiorizată
metafizică

un african cu spiritul învăpăiat
de o civilizaţie a noimelor ancestrale
cuprinsă de frisoane primordiale

mitică
palpabilă
statică
arhaică
implozivă

un asiatic cu spiritul fermecat
de o civilizaţie a noimelor arhetipale
transfigurată de tradiţii
imuabilă
estetică
hieratică
atemporală
reificată

americanul are geniul spaţiului
europeanul geniul timpului
africanul geniul ancestralului
asiaticul geniul arhetipalului
dar cu toţii au resimţit greaţa infinitului
în oaza irigată de timpul circular
şi s-au autoexilat

îngerul păzitor îmi spune
într-o lume dominată de oameni cu măşti
vei fi liber doar în cosmosul limbajului

Suceava, 15 mai 2020

MĂŞTI PENTRU ÎNGERII PĂZITORI

industria conştiinţei înfloreşte
specialiştii în cercetarea himerică
lucrează în secret la un program revoluţionar
pentru binele omenirii

măşti pentru îngerii păzitori
carantină pentru toate făpturile invizibile
camere de tortură pentru zei
lagăre de exterminare pentru Adevăr
Bine şi Frumos

guvernele din umbră au parafat
o singură excepţie
de la calvarul lumii invizibile
diavolul

Suceava, 17 mai 2020

MEGALOPOLIS DE STICLĂ

Mottto: "Omul e adevăratul haos." (Novalis)

în satul global e o transparenţă totală
iubim şi murim într-o cuşcă de sticlă
sentimentele se transmit prin fibre optice
dragostea apare şi dispare cu viteza luminii
Dumnezeu a fost exilat demult
tinerii au uitat cuvântul intimitate
şi caută febrili oglinzi pentru gânduri
şi sexul online
înregistrările cu onanişti
sufocă depozitele agenţiilor de securitate
nu mai există memorie doar camere video
nimic nu mai e real în afara ecranului
fericirea e o noţiune din tomurile medievale
în şcoli istoria e înlocuită
cu istoria inteligenţei artificiale

îngerul meu păzitor îmi şopteşte
lumea e un fragil megalopolis de sticlă
mi-e teamă că un Nero îi va da foc într-o zi
cu tălpile goale voi călca
peste cioburile de sticlă înroşită în foc
cu pieptul avântat voi respira
prin cioburile de sticlă înroşită în foc
cu sufletul spălat în izvorul de munte
şi în tăul adânc şi tainic al iubirii

voi zbura peste cioburile de sticlă înroşită în foc
cu inima săgeată înroşită-n foc
voi sparge oglinzile publice
în care se reflectă la nesfârşit
chipul fardat al minciunii

Suceava, 19 mai 2020

CAI ÎN GALOP

Sculptorului Doru Covrig

calul e dublul meu
mi-a spus un tânăr într-un sat de cazaci
prin el îmi cunosc cele mai ascunse cute ale sufletului
zborul interior şi prăbuşirile
trăirile ardente şi copitele primite de la viaţă

calul e dublul meu
adesea zburăm pe cai în galop în cete războinice
şi ne aruncăm în şeile frumos încrustate
în cele mai bizare poziţii uneori cu capul în jos
ca în sculpturile ecvestre ale lui Marino Marini

calul e dublul meu
noaptea îi visez botul catifelat şi cald
şi văd cum umbrele armăsarilor în galop
se înalţă de pe pajişti
ca nişte plase pescăreşti pentru prins stelele

Suceava, 20 mai 2020

JOCUL URSULUI

Pentru ursarii din Bucovina

caut stâlpii pământului aşezaţi pe spinarea unui urs
din vremea în care vinul izvora din pământ
şi curgeau râuri cu miere de albine sălbatice

toată viaţa m-am pregătit cu frenezie
să intru în hora ursarilor cu măşti totemice de urşi
în vârtejul ritmat de toboşari şi fluieraşi

povestea mea poartă pecetea vrăjită a dansului
cu urşi care mor şi învie în jurul nostru
sub diafane constelaţii de licurici

tot ce simt sunt sentimente şi doruri haşurate
zgârâieturi de gheare şi dinţi de urşi
vii hieroglife de durere şi vis

tot ce scriu sunt vagi interpretări ale semnelor
lăsate de labele şi de părul urşilor
în mărăcinişul tot mai ascuţit al vieţii

curând îmi voi împăia amintirile într-o blană de urs
şi voi părăsi autostrada inteligentă
pentru masca de urs a bunicului

Suceava, 23 mai 2020

AMINTIRI DIN VIITOR CU PASĂREA COLIBRI

rătăcesc prin oraşul modular cu case genetice
oameni şi roboţi interşanjabili
ţinând în mâna stângă pasărea colibri
penajul ei fin îmi aminteşte de mângâierile tale
dintr-o altă viaţă dar şi de lama cuţitului
pe care ai vrut să mi-o înfigi pe la spate
după ce ai citit o carte de poezii de Charles Bukowsky

acum fiecare pas e absorbit de singurătatea colectivă
care pulsează în inimi artificiale şi ecrane
sentimentele nu mai lasă urme
engrame impresii amprente

pasărea colibri e singura realitate care a evadat
din harta desfăşurătorului meu genetic
o insuliţă zburătoare şi policromă în şuvoiul ameţitor
de simulări noutăţi şi vieţi fragmentate
un spaţiu sacru
în care lumina şi umbra se topesc
într-o imperceptibilă ceaţă
un univers *sfumato*
dintr-un tablou de Leonardo da Vinci

un ciripit în lanţuri

Suceava, 27 mai 2020

TEASCUL DE STRUGURI

un copil învârte un cerc
un flăcău învârte fata la horă
un bătrân învârte teascul de struguri

copilul atinge pasărea paradisului
flăcăul înşfacă pasărea sufletului
bâtrânul caută sufletul-pasăre

pasărea paradisului are un cântec înalt
pasărea sufletului are un cântec hoinar
sufletul-pasăre are un cântec frânt

cineva împinge lumea cu toate deşertăciunile ei
în teascul de struguri
pasărea paradisului se îmbată cu vinul infernului
pasărea sufletului moare de singurătate
şi sufletul-pasăre are gâtul retezat
de prea mult cântec

Suceava, 29 mai 2020

NOI NU AM AŞTEPTAT NICIODATĂ BARBARII

noi nu am aşteptat niciodată barbarii
ne-am retras tăcuţi în păduri şi în munţi
după ce am dat foc la grâne am otrăvit fântânile
am dărâmat podurile şi turnurile de veghe
fără să privim în urmă orizontul învolburat

noi nu am aşteptat niciodată barbarii
ne-am zidit umbrele în pereţi de case şi-n biblii
şi am luat cu noi toate cuvintele şi poveştile
unui şir nesfârşit de vieţi trăite şi netrăite
fără să privim în urmă orizontul învolburat

noi nu am aşteptat niciodată barbarii
ne-am împodobit sufletele cu dor şi speranţă
cu muzica lumilor văzute şi nevăzute
şi am săpat în noi până la ultima picătură de sânge
fără să privim în urmă orizontul învolburat

noi nu am aşteptat niciodată barbarii
ne-am abandonat în lumina ţesută din coame de cai
căutând fiinţa limbajului în fiinţa naturii
şi ochii ireali ascunşi în ochii reali
fără să privim în urmă orizontul învolburat

noi nu am aşteptat niciodată barbarii
ne-am înălţat troiţe din lacrimi şi vise
şi ne-am lăsat cotropiţi de vocalele eterice şi calde
din şoaptele incandescente de iubire şi de moarte
fără să privim în urmă orizontul învolburat

noi nu am aşteptat niciodată barbarii
şi totuşi profeţii şi înţelepţii ne spun
ei se află demult printre noi

Suceava, 26 iunie 2020

Constantin Severin is a Romanian writer and visual artist, founder and proponent of Archetypal Expressionism, a highly regarded global art movement, which he founded in Bukovina, in 2001. A graduate of the International Writing Program at the University of Iowa, he has published ten books of poetry, essays and fiction. One of his poems was included in the 2014 *World Literature Today* anthology, *After the Wall Fell: Dispatches from Central Europe* (1989–2014), aimed at popularizing post-Wende Central European literature on the twenty-fifth anniversary of the fall of the Berlin Wall. Severin's conceptual art and artworks have appeared in *Artdaily, World Literature Today, Trafika Europe, The Poet, It's Liquid, Levure littéraire, Empireuma, Contemporanul, Vatra, Arkitera, Glare Magazine, Cuadernos del Ateneo, Dance, Media Japan,* and other international art and literary magazines.

Website: http://constantinseverin.ro/

Constantin Severin este scriitor şi artist vizual, fondator şi promotor al Expresionismului Arhetipal, o mişcare artistică de impact global, pe care a înfiinţat-o în Bucovina, în anul 2001. Absolvent al cursului internaţional de scriere creativă de la Universitatea Iowa, el a publicat zece cărţi de poezie, eseuri şi romane. Unul dintre poemele sale a fost inclus în antologia realizată în 2014 de World Literature Today, *După Căderea Zidului: Referinţe din Europa Centrală* (1989-2014), care şi-a propus să facă mai cunoscută literatura central-europeană la cea de-a 25-a aniversare a căderii Zidului Berlinului. Lucrări şi comentarii despre arta conceptuală a lui Severin au apărut în *Artdaily, World Literature Today, Trafika Europe, The Poet, It's Liquid, Levure littéraire, Empireuma, Contemporanul, Vatra, Arkitera, Glare Magazine, Cuadernos del Ateneo, Dance, Media Japan* şi în alte reviste literare şi de artă internaţionale.

Website: http://constantinseverin.ro/